Dunja
Phillip
Stephanie
Paule
Frau
Julian
Simone
Kathrin
Fabian
Friederich

Angelika Mechtel

Leselöwen

Schulklassengeschichten

Zeichnungen von Brigitte Smith

Loewe

Dieses Buch ist auf chlorfrei gebleichtem Papier gedruckt.

ISBN 3-7855-3066-8 – 7. Auflage 1997

Umschlagillustration: Dagmar Geisler
Satz: Fotosatz Leingärtner, Nabburg
Gesamtherstellung: L.E.G.O. S.P.A., Vicenza
Printed in Italy

Inhalt

Das Plüschmonster

Der erste Schultag nach den Ferien beginnt mit einer Überraschung. Die Klasse 2b bekommt eine neue Lehrerin. Sie heißt Frau Winter. Wenn sie seufzt, hört es sich an, als entweiche Luft aus einem Fahrradventil. Außerdem hat sie rote Haare und auf der Nase tausend Sommersprossen.

Und sie behauptet, sie könne zaubern.

„Zaubern?", schreit Julian und verdreht die Augen, bis nur noch der weiße Augapfel zu sehen ist. „Sind Sie vom Zirkus?"

Stephanie rückt ihre neue Brille auf der Nase zurecht und erklärt: „Mein Vater sagt, es gibt keine Zauberei. Wer zaubert, benutzt faule Tricks!“

Frau Winter bleibt dabei: Sie kann zaubern.

Ansonsten sieht sie ganz normal aus. Sie ist klein und noch ziemlich jung. Mit Vornamen heißt sie Anita.

„Ihr glaubt mir also nicht, dass ich zaubern kann?“

Fabian antwortet für alle. Er ist der Kleinste der Klasse, aber der Mutigste. Er traut sich sogar auf dem Pausenhof einen aus der 4. Klasse anzurempeln.

„Hokuspokus“, sagt er. „Ist was für Kindergartenkinder! Die glauben auch noch an den Weihnachtsmann!“

„Nun, dann seht einmal her!“ Frau Winter öffnet ihre Aktenmappe und holt ein seltsames Plüschtier heraus. Es hat einen roten Bauch, einen schwarzen Rücken, gelbe Ohren, grüne Pfoten und Glasaugen, die gefährlich funkeln.

Das sieht ja zum Fürchten aus! Nadine bekommt eine Gänsehaut.

Clara, die vorne in der ersten Reihe sitzt und jeden Tag eine andere Schleife im Haar trägt, erschrickt nicht. Sie klatscht in die Hände. „Mensch! Toll! Ein echtes Monster!"

„Ein Monster!", schreien alle durcheinander.

Dann drückt Frau Winter auf den Bauch des Monsters und es beginnt zu lachen. Selbstverständlich lacht es nicht selbst. Es ist ein kleines Tonband. Aber das lacht sich halb tot.

Als es endlich aufhört zu lachen, erkundigt sich Stephanie: „Ist das der Zauber?“

„Quatsch mit Soße ist das“, mault Mathias leise.

„Dann seht einmal in euren Schultaschen nach!“

Tatsächlich! Jeder findet in seiner Schultasche etwas, das vorher nicht darin war. Einen Spitzer oder einen Radiergummi, einen Aufkleber oder ein Sammelbild.

Kann Frau Winter tatsächlich zaubern?

„Glaub ich nicht!“, brummt Paule und will das lachende Plüschmonster untersuchen. Aber Frau Winter steckt es in ihre Mappe zurück.

„Glaub ich doch!“, schreit Simone. Und dann reden alle durcheinander.

Nur Nico sitzt stumm in der letzten Reihe. Ihm hat Frau Winter einen Radiergummi in die Schultasche gezaubert. Er sieht wie ein Elefant aus. So einen hat sich Nico schon lange gewünscht.

Nicos Zahn

Nein, Nico ist nicht stumm.

Er redet nur selten. Und wenn er einmal etwas sagt, dann spricht er sehr leise. Deshalb setzt ihn die Lehrerin Frau Winter in die erste Reihe neben Clara.

Clara ist ganz anders als Nico. Sie redet wie ein Wasserfall. Außerdem kann sie die schönsten Elefanten malen.

„Vielleicht“, sagt Frau Winter, „vielleicht färbt ein bisschen was von Clara auf Nico ab und von Nico etwas auf Clara.“

Die Zwillinge Anja und Ilka kichern. Sie kichern häufig.

Julian, der meistens nur Blödsinn im

Kopf hat, ruft: „Dann müssen sie hinterher ins Entfärberbad gelegt werden. Das macht meine Mama immer, wenn etwas in der Waschmaschine abgefärbt hat."

Und Philip, der mindestens so viele Sommersprossen wie Frau Winter hat, brummelt: „Warum darf Nico neben Clara sitzen und nicht ich?"

Philip ist in Clara verliebt. Aber Clara will nichts von ihm wissen. Das ist in der

ganzen Klasse bekannt. Davon, dass auch Nico in sie verliebt ist, weiß keiner etwas. Als Nico neben ihr seine Sachen auspackt, bekommt er Herzklopfen und schwitzige Hände.

In der Rechenstunde soll Clara sagen, wie viel 2 mal 4 ist. Sie weiß es nicht.

„Acht!“, flüstert Nico.

In der Pause hält er Clara seine Lakritzschlange entgegen und will sagen: „Magst du?“ Aber er ist so aufgeregt, dass er keinen Ton herausbringt. Clara lacht ihn aus und geht mit Katrin und Nadine in den Hof. Sie tut so, als sei Nico Luft, nichts als Luft.

In der nächsten Stunde sollen die Kinder erzählen, was sie am Wochenende erlebt haben. Als Clara an die Reihe kommt, redet sie wie ein Wasserfall. Sie fängt mit dem Frühstücksei am Sonntag an und erzählt und erzählt.

Nico hört staunend zu und ruckelt dabei an einem seiner Schneidezähne. Der ist seit gestern locker.

Zum Schluss sagt Clara: „Und dann tauchte der Vollmond in meinem Fenster auf."

Den ganzen Tag lang fummelt Nico an dem Wackelzahn, auch dann noch, als er längst im Bett liegt und an Clara denkt.

„Wenn ich", denkt Nico, „wenn ich Clara nur irgendetwas Besonderes schenken könnte! Dann wäre ich bestimmt nicht mehr Luft für sie!" Irgendwann schläft er ein.

Am nächsten Morgen liegt der Zahn klein und ein wenig blutig auf dem Kopfkissen. So ein Zahn ist doch etwas Besonderes, oder etwa nicht?

Nico packt ihn stolz ins Federmäppchen und nimmt ihn mit in die Schule. Er möchte den Zahn Clara zeigen. Aber Clara sitzt neben ihm, als wäre er überhaupt nicht vorhanden.

In der zweiten Stunde schiebt sie ihm eine Zeichnung zu. Nico hat vor Aufregung wieder einmal Herzklopfen. Könnte es sein, dass sie ihn doch mag?

Clara hat einen grünen Elefanten gezeichnet mit einem Knoten im Rüssel.

„Das soll bestimmt ich sein, wenn ich kein Wort herausbringe", denkt Nico und wird rot. Da fällt ihm auf, dass Clara einen Fehler gemacht hat. Er grinst und ist auf einmal gar nicht mehr aufgeregt.

„He! Clara!" Er stupst sie mit dem Ellenbogen an. „Du hast den Knoten an der falschen Stelle gemacht! Elefanten reden gar nicht mit dem Rüssel!"

Clara will ihm eine patzige Antwort geben. Aber dann entdeckt sie die Zahnlücke. „Mensch! Toll! Du hast ja einen Zahn verloren!"

In der Pause wollen alle den kleinen blutigen Zahn sehen. Clara betrachtet ihn besonders lange. „Würdest du tauschen?", fragt sie. „Ich biete dir meinen neuen Batman-Radiergummi!"

Nico schüttelt den Kopf. „Nicht tauschen. Ich schenk dir meinen Zahn."

Und Clara bedankt sich mit dem schönsten Lächeln der Welt.

Der Neue

An einem Montagmorgen bringt Frau Winter, die Lehrerin mit den Sommersprossen, einen fremden Jungen in die Klasse.

„Das ist Friedrich."

Einundzwanzig Augenpaare starren ihn an. Er macht ein trotziges Gesicht und betrachtet seine Schuhspitzen.

Komische Schuhe hat er an! Es sind blaue Schnürstiefel, die schon ziemlich abgenutzt aussehen. Er trägt überhaupt nur blaue Sachen. Der Anorak ist blau, die Hosen sind es und der Pullover. Und was ist das für eine seltsame Schultasche?

„Mit so was sind früher die Dinosaurier zur Schule gegangen!“ Philip sagt das sehr abschätzig.

Es ist ein brauner Lederranzen.

Frau Winter legt tröstend den Arm um die Schultern des fremden Jungen. „Friedrich, das ist also deine neue Klasse. Ich hoffe, du findest hier bald viele Freunde.“

Zum ersten Mal hebt der Neue den Kopf und sagt etwas. Er sagt nur ein einziges Wort: „Frrrie-de-rrrich!“

Die beiden r in seinem Namen rollt er, als schicke er einen Intercity durchs Klassenzimmer. Er besteht darauf Frie-de-rich zu heißen.

Was für ein altmodischer Name! Genauso altmodisch wie die Klamotten, die er trägt!

Simone macht sich über den Fremden lustig und wiederholt spöttisch: „Frrrie-de-rrrich!"

Die Klasse kichert.

Frau Winter erzählt, dass Friederich aus Russland kommt. Seine Urgroßeltern waren Deutsche. Er spricht nur wenig Deutsch.

Er muss sich neben den dicken Henning

setzen, neben dem sonst keiner sitzen mag. Dort sitzt Friederich und redet nur, wenn Frau Winter ihn etwas fragt.

In der Pause steht er allein herum. Er kauft sich keine Cola, keine Lakritze und keine Gummibärchen. Zweimal geht Frau Winter zu ihm und unterhält sich mit ihm. Sie tut, als sei der Neue etwas Besonderes.

Am Mittwoch passiert es dann.

Thomas schlendert in der Pause zu Friederich hinüber, rempelt ihn an und zischt: „Weg da! Das ist mein Platz!“ Eigentlich steht Thomas immer mit Fabian und seinem Zwillingsbruder Daniel auf der anderen Seite des Schulhofs.

Der Neue macht ein trotziges Gesicht und beißt ein Stück von seinem Pausenbrot ab.

Thomas überlegt nicht lange. Er weiß, dass keiner in der Klasse stärker ist als er. Ehe Friederich den Brotbissen hinunterschlucken kann, rammt Thomas ihm eine Faust in den Magen.

Das hätte er besser nicht getan. Der

Fremde schreit nicht einmal. Er schlägt einfach zurück. Seine Fäuste sind schnell und hart. Als die Glocke zum Pausenende läutet, wälzen sich die beiden auf dem Schulhof. Die ganze Klasse sieht zu. Keiner greift ein.

Schließlich boxt sich einer aus der 4. Klasse durch den Zuschauerring. „Wollt ihr euch totschlagen?“

Er greift Thomas am Pullover und Friederich am Hosenbund und zieht sie auseinander. Thomas blutet aus der Nase. Dem Friederich läuft Blut von der Augenbraue übers Gesicht. Aber beide grinsen zufrieden.

Drei Tage lang gehen sie sich aus dem Weg. Am vierten Tag kommt Thomas dann zum Neuen und hält ihm die Hand hin: „Frieden?“

Friederich schüttelt den Kopf, schlägt aber ein. „Nein“, sagt er. „Frrriederrr!“

„Also, was seine Fäuste anbelangt“, sagt Thomas später zu Fabian und Daniel, „da ist der Frieder beinahe so gut wie ich!“

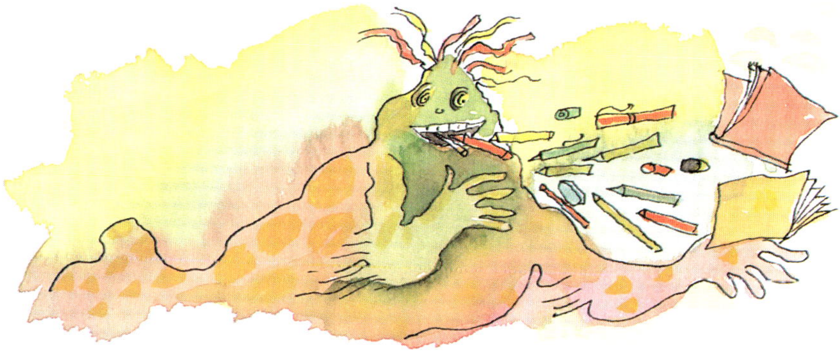

Das Filzstiftmonster

Seit zwei Wochen geht das Filzstiftmonster um. Bisher hat es keiner gesehen. Es scheint unsichtbar zu sein oder sehr geschickt. Es lässt nicht nur Filzstifte verschwinden. Es frisst auch Radiergummis, Wachsmalkreiden, Bleistifte und sogar Comichefte.

Einen unsichtbaren, gefräßigen Dieb zu fangen ist eine schwierige Aufgabe. Paule hat bereits alle Ecken des Klassenzimmers mit einer Lupe untersucht. Bisher hat er keine Spur entdeckt.

„Bist du sicher, dass es ein Monster ist?“, erkundigt sich Stephanie und rückt ihre

Brille zurecht. „Es könnte doch auch jemand von uns sein, oder?“

Paule besteht darauf, dass es sich um ein Monster handelt. Er will gerade erklären, warum, da geschehen zwei Dinge gleichzeitig: Zuerst läutet es zum Unterrichtsbeginn und dann heult Mathias auf. Es hört sich wie eine Sirene an.

Sein Pausengeld ist verschwunden! Und nicht nur das Geld ist weg. Es fehlt auch der grüne Geldbeutel, der wie ein echter Frosch aussieht.

Mathias schreit vor Wut. „Das ist gemein! Richtig gemein!“

Als Frau Winter das Klassenzimmer betritt, sind alle damit beschäftigt den Geldbeutelfrosch zu suchen. Nur Friederich, der Neue, nicht. Er sitzt still an seinem Platz.

Am eifrigsten sucht Anneke. Sie leert sogar die Schultasche von Mathias aus. Florian beobachtet sie nachdenklich.

Paule erklärt Frau Winter, was gerade geschehen ist.

Bisher hat sie gelächelt, wenn Paule vom Filzstiftmonster berichtete. Diesmal legt sie ihre Stirn mit den tausend Sommersprossen in Falten. Sie will wissen, ob Mathias den Geldbeutel vielleicht daheim vergessen hat und sich nur nicht daran erinnert.

Nein, nein! Mathias schwört, dass er eben noch auf dem Tisch lag. Dort türmen sich jetzt Bücher und Hefte, das Federmäppchen, die Buntstiftschachtel, zwei Kaugummis, ein Matchboxauto und ein Schokoriegel. Der Geldbeutel bleibt verschwunden.

„Das ist eine ernste Sache, Kinder“, sagt Frau Winter. „Eigentlich müsste nun jeder seine Schultasche ausleeren, damit ich überprüfen kann, ob der Geldbeutel vielleicht den Besitzer gewechselt hat.“

Anneke schnippt aufgeregt mit dem Finger. „Ich muss mal! Ich muss ganz doll!“

Kaum hat Anneke das Klassenzimmer verlassen, will auch Florian zum Klo. Paule wird misstrauisch, hebt die Lupe und blickt den beiden nach.

Als die zwei von der Toilette zurückkommen, schlägt Frau Winter vor, dass das Filzstiftmonster nachher, wenn der Unterricht beendet ist und alle heimgegangen sind, zu ihr kommt und ihr den Geldbeutel übergibt. „Damit ist die Sache dann erledigt. Einverstanden?“

Alle sind einverstanden. Auch Paule nickt. Aber er hat einen Plan. Nach dem Schlussläuten legt er sich auf die Lauer.

Seine Spürnase sagt ihm, dass es drei Verdächtige gibt: Anneke, Florian und Friederich. Nicht umsonst will Paule, wenn er einmal groß ist, der beste Detektiv aller Zeiten werden.

Das Warten lohnt sich: Fünf Minuten nachdem alle das Klassenzimmer verlassen haben, kommt Florian zurück.

Am nächsten Morgen prahlt Paule mit seiner Entdeckung. Als Frau Winter das Klassenzimmer betritt, weiß schon jeder, dass Florian der Dieb ist.

Ziemlich hochnäsig fragt Stephanie: „Warum bestrafen Sie den Florian nicht?"

Frau Winter lächelt geheimnisvoll. „Florian ist nicht der Dieb. Er hat mir den Geldbeutel nur im Auftrag des Filzstiftmonsters gebracht. Allerdings mit dem Versprechen, dass nichts mehr verschwinden wird."

„Und wer ist nun das Filzstiftmonster?"

„Die Sache ist erledigt!" Frau Winter duldet keinen Widerspruch. Anneke dreht sich zu Florian um. Florian strahlt und Anneke wird rot bis über beide Ohren. Ohne Florians Hilfe hätte sie nicht gewusst, wie sie die Sache in Ordnung bringen soll.

Dunya will dazugehören

Das ist ja genauso schlimm wie freitags Spinat mit Spiegeleiern essen zu müssen!

Simone soll sich neben Dunya setzen. Und Dunya ist eine Katastrophe! Sie ist verrückt und sammelt Steine. Jeden Tag bringt sie neue mit. Die liest sie irgendwo auf und behauptet, sie seien wertvoll. Dabei sind es ganz gewöhnliche Kieselsteine. Außerdem zieht Dunya nur rosafarbene Sachen an und kann nicht mal gut Gummitwist hüpfen.

Und nun soll Simone also neben Dunya sitzen, obwohl Dunya gar nicht zu ihren Freundinnen gehört. Anneke ist Simones

Freundin, und Stephanie. Carolin ist es und Corinna. Sie sind immer zu fünft. Beim Friseur haben sie sich alle die gleichen Frisuren schneiden lassen: vorne ein langer Pony und hinten eine superlange Haarsträhne. Sie verabscheuen Lakritze und essen nur rote und grüne Gummibärchen von der feinsten Sorte. Als Zeichen ihrer Freundschaft haben sie mindestens einen Fingernagel lackiert.

Zu Beginn des Schuljahres gehörte auch Clara dazu. Aber Clara hat sich mit Nico angefreundet. Seitdem mag sie lieber Lakritze als Gummibärchen.

Simone ist sauer. Ehe sie ihr Heft und das Lesebuch ausbreiten kann, muss sie erst einmal Dunyas Durcheinander auf dem Tisch beiseite schieben. Wenn Dunya eines nicht kann, dann ist es Ordnung zu halten. Hefte, Bücher, Steine und Stifte sind über den ganzen Tisch ausgebreitet.

„Die Hälfte des Tisches gehört mir!“ Simone legt ein Lineal in die Mitte. „Das ist die Grenze. Keinen Zentimeter mehr.“

Dunya räumt gutmütig ihre Sachen auf einen Haufen. Sie hat nichts gegen Simone. Im Gegenteil.

Wenn sie ehrlich ist, dann wäre sie gerne so wie Simone. Dann hätte sie fünf Freundinnen, die alles tun, was sie sagt. Dann wäre sie die Beste beim Gummitwist und könnte wie Simone mit dem Ballett-tanzen angeben. Nur die lackierten

Fingernägel findet sie affig. Aber das sagt sie nicht.

Vielleicht schafft sie es ja Simones Freundin zu werden?

Schon am nächsten Tag gibt sich Dunya große Mühe. Sie achtet sehr genau darauf nur eine Hälfte des Tisches zu benutzen. In der Pause schenkt sie Simone ein nagelneues Gummiband. Dafür darf sie auch einmal hüpfen. Danach setzt Simone eine verächtliche Miene auf und schiebt Dunya beiseite. „Du musst erst noch tüchtig üben!"

Dunya übt. Jeden Nachmittag spannt sie ein Gummiband zwischen zwei Stühle im Wohnzimmer und hüpft auch die schwierigen Kreuzsprünge.

Ja, zur Verwunderung ihrer Mutter zieht sie nun sogar das blaue Kleid mit dem Matrosenkragen an oder das gelbe mit den Schmetterlingen darauf.

Von ihrem Taschengeld kauft sie rote und grüne Gummibärchen. Simone und ihre Freundinnen nehmen gerne welche davon. Aber Simone meint: „Das nächste

Mal kaufst du die, die zehn Pfennig teurer sind. Sie schmecken einfach besser!“

In der dritten Woche verteilt Simone Einladungen zu ihrer Geburtstagsparty. Erst als Dunya sicher ist, dass Simone ihr keine Einladung mehr gibt, fragt sie: „Und ich?“

Simone verdreht die Augen und seufzt. „Du passt einfach nicht zu uns!“

Dunya schluckt. Sie schluckt einen dicken Tränenkloß im Hals hinunter. Und dann wird sie wütend. Sie schiebt das Lineal beiseite, breitet Bücher und Hefte, Steine und Stifte über den ganzen Tisch aus und sagt so laut, dass es alle in der Klasse hören können: „Lackierte Fingernägel finde ich übrigens affig! Damit du’s nur weißt!“

Der Schulausflug

Frau Winter deutet mit dem Zeigefinger auf eine Wiese am Waldrand. „Dort machen wir unser Picknick, Kinder! Ein Picknick ist das Schönste beim Schulausflug."

Heute ist kein Unterricht. Heute ist Frau Winter mit der 2b in den Königsforst gefahren und sie wandern durch den Wald und über die Wiesen.

Es macht allen Spaß. Bis Fabian dann verschwindet. Auf einmal ist er weg. Wie vom Erdboden verschluckt. Selbst der Klassendetektiv Paule hat keine Spur, die zu Fabian führen könnte.

Thomas tut das einzig Richtige. Er legt die

Hände zum Trichter um den Mund und schreit in den Wald hinein: „Fa-bi-an!“

„-bi-an!“, tönt das Echo zurück.

Nun legen alle die Hände um den Mund und brüllen: „Fa-bi-an! Fa-bi-an!“

Aufgeregt und durcheinander antwortet das Echo.

Carolin behauptet, sie habe Fabian zum

letzten Mal vor ungefähr fünf Minuten gesehen. „Er ist hinter den anderen im Wald hergetrottet."

„Das stimmt nicht", denkt Nadine. „Ich glaube, ich habe gesehen, wie er noch einmal in den Steinbruch zurückgelaufen ist."

Den Steinbruch haben sie vor zehn Minuten besucht. Dunya hat mindestens zwanzig Steine aufgesammelt. Danach ist die 2b wieder in den Wald zurückgewandert.

„Aber", überlegt Nadine, „wenn ich mich nun täusche?"

Dann würde sie sich ganz schön blamieren. Sie hat Angst davor sich zu blamieren. Nadine hat eigentlich vor allem Angst: vor Käfern und Spinnen, vor dem strengen Hausmeister und davor nachts im Dunkeln allein zu sein.

Frau Winter bittet die Kinder auf der Wiese zu warten. Sie will den Weg, den sie gekommen sind, zurückgehen und Fabian suchen.

Nadine setzt sich neben Anneke ins Gras. Sie denkt weiter nach. Im Fernsehen hat sie einmal gesehen, wie Kinder in einem Steinbruch verunglückt sind. Sie wurden verschüttet.

Fabian hat vorhin eine Höhle entdeckt und behauptet, darin hause ein Drache. Frau Winter hat ihm aber verboten in die Höhle hineinzugehen. Wenn er nun doch hineingegangen ist? Fabian ist mutig genug so etwas zu tun! Vielleicht hat der Drache Fabian unter Sand und Steinen begraben?

„He! Nadine!“ Anneke bietet ihr ein rotes und ein grünes Gummibärchen an. Nadine schüttelt den Kopf.

„Dann nicht!“ Anneke steckt die Gummibärchen selbst in den Mund.

Wenn er verschüttet ist, wird Frau Winter Fabian niemals finden! Nadine springt auf. Und dann läuft sie einfach los.

Die Klasse schreit hinter ihr her. Sie hört nicht. Sie hat Angst allein in den Wald

hineinzurennen. Aber sie rennt und rennt. Der Waldboden federt unter ihren Füßen und die Angst wird mit jedem Schritt kleiner.

Endlich hat Nadine Frau Winter eingeholt. Gemeinsam gehen sie zum Steinbruch.

Nadine hatte Recht: Dort finden sie Fabian.

Er kauert vor dem Eingang zur Höhle auf den Fersen und legt den Zeigefinger auf den Mund, als sie sich nähern. Er beobachtet etwas.

Es ist ein kleiner Drache, der sich auf einem Stein sonnt.

„Ein Drache!", flüstert Nadine aufgeregt.

Fabian nickt. „Ein Babydrache!"

Frau Winter seufzt leise wie ein aufgeschraubtes Fahrradventil. „Unsinn! Das ist doch nur eine Eidechse!"

Nadine und Fabian sehen sich an. Sie denken beide dasselbe: Typisch! Erwachsene haben keine Ahnung von Drachen!

Das Kaugummimonster

Natürlich Julian!

So eine verrückte Idee kann nur Julian haben.

„Der Kaugummi“, erklärt er und kaut eifrig, „der muss gut durchgekaut sein, so richtig flutschig, rutschig und klebrig.“

Dann klebt er seinen Kaugummi auf die Türklinke. Er ist schön warm und ekelhaft feucht.

„Großes Ehrenwort und heiliger Schwur: Niemand verrät etwas!“

„Großes Ehrenwort und heiliger Schwur!“ Selbst Simone mit der großen Klappe schwört.

Diesmal ist sich die ganze Klasse einig. Mucksmäuschenstill warten sie darauf, dass die Lehrerin, Frau Winter, hereinkommt.

Hätte Frau Winter eine Spürnase wie Klassendetektiv Paule, müsste sie eigentlich Verdacht schöpfen. Aber das tut sie nicht. Fröhlich wie jeden Morgen will sie das Klassenzimmer betreten. Wie jeden Morgen muss sie erst einmal die Tür öffnen. Ohne hinzusehen legt sie energisch die Hand auf die Klinke.

„Iiiih!“ Das hört sich an, als hätte sie noch nie in ihrem Leben einen gut durchgekauten Kaugummi gefühlt.

„Was ist denn das?“ Lange, klebrige Kaugummifäden hängen an ihrer Handfläche. Frau Winter ekelt sich. „Wer war das?“

Julian blickt unbeteiligt zur Zimmerdecke. Dunya und Nadine halten die Luft an. Nico zieht den Kopf zwischen die Schultern und Daniel bekommt vor Aufregung feuchte Hände. Angewidert spreizt Frau Winter die Hand. Dann fällt ihr Blick auf die Wandtafel. Dort steht:

„Das kaukumie Monsta wahr hir!“

„Nun, will mir keiner sagen, wer diesen Blödsinn ausgeheckt hat?“

Daniel macht es sicherheitshalber wie die anderen. Er starrt geradeaus, haarscharf an Frau Winter vorbei. Aber er hat das dumme Gefühl sein Mund könnte von allein anfangen zu reden. Das ist ihm schon oft passiert.

„Ich warte auf eine Antwort. Oder seid ihr taubstumm geworden?“

Simone sieht, wie Julian nervös mit den Ohren wackelt.

Frau Winter seufzt. Es hört sich an, als entweiche die Luft gleich aus mehreren Fahrradschläuchen. „Also gut, ihr wollt nichts sagen. Dann werdet ihr eben alle eine Extrahausaufgabe bekommen! Du, Mathias, machst die Türklinke sauber. Und du, Philip, du verbesserst die Rechtschreibfehler an der Tafel.“

„Ich?“ Philip schreit vor Empörung. Er ist gut im Rechnen. Im Rechtschreiben ist er schwach. „Ich war's doch gar nicht!“

Wird er Julian verraten? Nein. Er hat geschworen. Er beißt fest die Zähne zusammen und schweigt.

Dafür fängt Daniel auf einmal an herumzustottern. Er stottert Unverständliches.

„Ja, Daniel? Hast du mir etwas zu sagen?“

„Verräter!“

„Feigling!“

„Trau dich nur nicht!“

Daniel presst beide Hände auf die Lippen und wird rot wie eine Verkehrsampel. Er will nicht wieder petzen. Er hat genauso wie die anderen geschworen. Diesmal hält er dicht.

Mühevoll verbessert Philip die Rechtschreibfehler, die Julian gemacht hat. Manchmal flüstert Stephanie ihm den richtigen Buchstaben zu. Als es läutet, steht endlich an der Tafel:

„Das Kaugummimonster war hier!“

Frau Winter lächelt, als wollte sie sagen: Das habt ihr gut gemacht, Kinder!

Selbstverständlich sagt sie es nicht.

Das Unglück

Nach den Osterferien geschieht ein Unglück. Der dicke Henning, den eigentlich keiner aus der Klasse so richtig mag, läuft vor ein Auto.

Frau Winter erklärt es ihrer Klasse. Er hat mit anderen auf dem Bürgersteig Fußball gespielt. Dann ist der Ball auf die Fahrbahn gerollt. Henning lief hinterher ohne nach rechts oder links zu sehen.

„Warum hat der Autofahrer nicht gebremst?", will Stephanie wissen.

„Er fuhr viel zu schnell!"

Aber das hilft Henning nun auch nichts mehr. Er liegt im Krankenhaus.

Nadine beginnt zu weinen, als Frau Winter sagt: „Wahrscheinlich kommt Henning vor den Sommerferien nicht mehr in die Klasse zurück. Er ist sehr schwer verletzt. Sein linkes Bein ist mehrmals gebrochen."

Kann er jemals wieder richtig laufen?

Hat er große Schmerzen?

Ist es sehr langweilig tagein und tagaus im Krankenhaus im Bett liegen zu müssen?

Thomas schreit wütend: „Wenn ich den Autofahrer erwische, mache ich Apfelmus aus ihm!"

Paule will wissen, ob die Polizei schon eingeschaltet ist.

Und dann sagt Florian auf einmal: „Wir müssen uns um den dicken Henning kümmern!“

Er hat auch schon eine Idee. Jeden Tag sollen zwei aus der Klasse Henning im Krankenhaus besuchen.

„Einverstanden?“, fragt Frau Winter.

„Einverstanden!“, ruft die ganze Klasse.

„Und wir bringen ihm jedesmal etwas von uns mit, damit er weiß, dass wir an ihn denken!“, schlägt Ilka vor.

Als erstes Geschenk malt Clara ein Bild.

Darauf sind zweiundzwanzig Elefanten zu sehen. Sie heißen, wie die Kinder in der Klasse heißen. Alle Elefanten sind grün. Nur den Elefanten, der den Namen Henning trägt, zeichnet Clara mit einem blauen Stift. Er steht auf drei Beinen. Das vierte Bein ist eingegipst und mit einer orangefarbenen Schleife verziert. Der Henning-Elefant schwingt fröhlich den Rüssel in die Luft.

In den kommenden Wochen gibt jeder etwas von seinem Taschengeld ab. Sie kaufen Lakritze und Gummibärchen, Comics, Sammelbilder und Aufkleber für Henning. Frieder bastelt Papierflieger, die Henning auf die Krankenschwestern loslassen kann. Nico trägt das Rechenbuch ins Krankenhaus und will mit Henning üben, aber Henning ist meistens zu müde.

Er ist auch gar nicht mehr der dicke Henning. Blass und schmal liegt er im weißen Krankenhausbett. Nur ein einziges Mal bekommt er Farbe ins Gesicht. Das geschieht, als Clara ihm ihre Lieblingshaarschleife schenkt. Sie ist blau mit goldenen Tupfen darauf. Henning bittet Clara die Schleife um eine Stange des Bettgestells zu binden. „Damit ich sie immer sehe!“

Zwei Wochen vor den Sommerferien kann Henning dann zum ersten Mal mit Krücken durch den Krankenhauspark humpeln.

„Was für ein Glück, dass Henning wieder gesund wird!“, sagt Frau Winter. „Es hätte auch schlimmer kommen können!“

Anja hat Kummer

Seit gestern ist Anja sehr traurig. Deshalb kann sie auch nicht mehr lachen. Ja, sie lächelt nicht einmal, obwohl Daniel Blödsinn macht. Jedesmal, wenn Frau Winter nicht zu ihm hinsieht, zieht Daniel Grimassen. Alle im Klassenzimmer kichern, nur Anja nicht.

Nach dem dritten Versuch gibt Daniel auf. Laut und vernehmlich sagt er mitten im Unterricht: „Anja ist krank!“

Diesmal kichert niemand. Diesmal drehen sich alle zu Anja herum und starren sie an.

Frau Winter, die Klassenlehrerin, macht

ein verwundertes Gesicht. „Warum soll Anja denn krank sein?“

Darauf muss Daniel gar nicht mehr antworten. Frau Winter kann nun selbst sehen, dass irgendetwas mit Anja nicht stimmt. Anja weint. Zuerst laufen ihr nur Tränen übers Gesicht, dann schluchzt sie und heult richtig los.

„Aber, Anja! Was ist denn los mit dir?“, erkundigt sich Frau Winter besorgt. Daniel tut das einzig Richtige: Er bringt Anja ein Päckchen Papiertaschentücher.

Anja schnieft, schnäuzt sich die Nase und wischt die Tränen vom Gesicht. Sie braucht mindestens fünf Taschentücher, bis sie endlich mit dem Weinen aufhören kann.

Dann erfährt die Klasse, dass Anja mit ihren Eltern in eine fremde Stadt ziehen muss. Ihr Vater hat dort Arbeit gefunden. Anja weiß es seit gestern Abend.

„Es ist ganz weit weg!“, erzählt sie und fängt schon wieder an die Tränen hinunterzuschlucken. „Ganz weit! Mit dem

Intercity müssen wir fünf Stunden fahren! Und ich kenne doch niemanden dort! Ich muss dann in eine fremde Schule und Klasse gehen und habe überhaupt keine Freunde mehr!“

„Aber du hast doch uns!“, schreit Daniel. Dann fällt ihm ein, dass Anja ganz allein wegzieht und niemanden aus der Klasse mitnehmen kann. Das ist wirklich ein schwieriges Problem.

Frau Winter tröstet Anja. „So schlimm wird es bestimmt nicht. Du findest in der neuen Klasse sicherlich ganz schnell auch neue Freunde!“

Anja glaubt ihr nicht. Sie schnieft und putzt sich zum sechsten Mal die Nase.

Da hat Paule einen guten Einfall. „Weißt du was“, sagt er, „du sagst uns deine neue Adresse und dann schreiben wir dir! So lange, bis du neue Freunde gefunden hast! Oder auch länger. So lange du willst! Dann bist du überhaupt nicht allein!“

„Keine schlechte Idee“, meint Frau Winter.

Daniel zieht eine Grimasse und Anja kichert.

Angelika Mechtel, 1943 in Dresden geboren, gehört zu den großen Erzählerinnen des deutschsprachigen Raumes. Sie veröffentlichte Romane, Erzählungen, Lyrik, Hör- und Fernsehspiele. Ihre Werke wurden in viele Sprachen übersetzt. Seit 1975 schreibt Angelika Mechtel auch für Kinder. Für ihre Bücher erhielt sie mehrfach Literaturpreise, darunter den Kinderliteraturpreis „Miteinander leben – Ausländer unter uns“ des Berliner Senats und 1992 eine der acht Ehrengaben der Deutschen Schillerstiftung Weimar.

Brigitte Smith, geboren 1938, studierte in Wiesbaden, München und Montreal. Mittlerweile hat sie über hundert Kinderbücher illustriert. Sie lebte lange Zeit in San Francisco, unterrichtete sowohl in Kalifornien als auch in München. Brigitte Smith arbeitet auch als Malerin und lebt in München.

Leselöwen

Der bunte Lesespaß

Adventsgeschichten
Bärengeschichten
Computergeschichten
Cowboygeschichten
Delfingeschichten
Dinosauriergeschichten
Drachengeschichten
Feriengeschichten
Fußballgeschichten
Geburtstagsgeschichten
Geistergeschichten
Geschwistergeschichten
Gespenstergeschichten
Glaubensgeschichten
Gruselgeschichten
Hexengeschichten
Hundegeschichten
Ich-mag-dich-Geschichten
Indianergeschichten
Kinderwitze 1
Kinderwitze 4
Kinderwitze 5
Kuschelgeschichten
Monstergeschichten
Nikolausgeschichten
Opageschichten
Ostergeschichten
Pferdegeschichten
Ponygeschichten
Räubergeschichten
Rittergeschichten
Scherzfragen
Schlaf-gut-Geschichten
Schlummergeschichten
Schmunzelgeschichten
Schulgeschichten
Schulhofgeschichten
Schulklassengeschichten
Seeräubergeschichten
Spukgeschichten
Teddygeschichten
Tennisgeschichten
Überraschungsgeschichten
Ungeheuergeschichten
Unsinngeschichten
Vampirgeschichten
Weihnachtsgeschichten
Weltraumgeschichten
Werd-gesund-Geschichten
Wintergeschichten
Zählgeschichten

Ilka
Anja
Nico
Florian
Corinna
Carolin
Anneke
Henning
Nadine
Mathias
Daniel
Thomas